# DROITS

# DES PÊCHEURS

## A LA LIGNE FLOTTANTE

SUIVIS

### D'INSTRUCTIONS SUR LES DIFFÉRENTES PÊCHES
### A LA LIGNE

PAR

## A. MORICEAU

---

### Septième Édition

Contenant la loi du 31 mai 1865 et le règlement du 25 janvier 1868
uniforme pour toute la France

---

### PRIX 10 CENTIMES

---

# PARIS

CHEZ L'AUTEUR, FABRICANT D'USTENSILES DE PÊCHE ET DE CHASSE
QUAI DE GÈVRES, N° 4, PRÈS LA PLACE DU CHATELET

DROITS

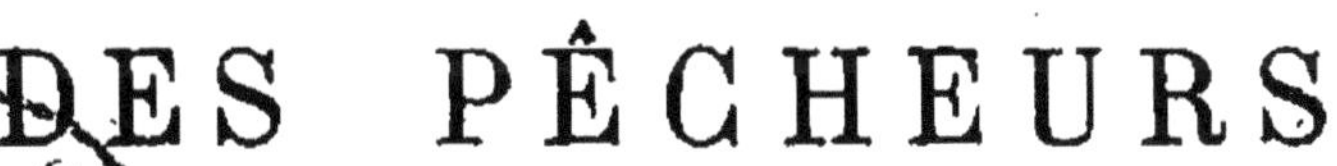

# DES PÊCHEURS

## À LA LIGNE FLOTTANTE

# DROITS

# DES PÊCHEURS

## A LA LIGNE FLOTTANTE

### SUIVIS

D'INSTRUCTIONS SUR LES DIFFÉRENTES PÊCHES
A LA LIGNE

PAR

## A. MORICEAU

---

### Septième Édition

Contenant la loi du 31 mai 1865 et le règlement du 25 janvier 1868
uniforme pour toute la France

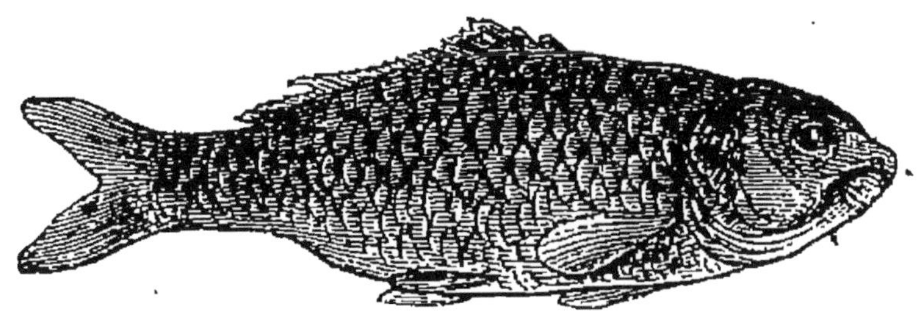

## PARIS

CHEZ L'AUTEUR, FABRICANT D'USTENSILES DE PÊCHE ET DE CHASSE

QUAI DE GÈVRES, N° 4, PRÈS LA PLACE DU CHATELET

# DROITS DES PÊCHEURS

ET

## DÉFINITION DE LA LIGNE FLOTTANTE PERMISE SANS PAYER

La loi sur la pêche, de 1865, dont on parlait depuis longtemps, et qui, avant même d'être discutée, causait tant d'appréhensions parmi les pêcheurs, n'inspirait plus grand effroi depuis sa publication ; mais quelques alarmistes tenaient toujours bon et semblaient attendre dans des transes plus ou moins réelles le règlement qui vient de paraître. J'espère que maintenant ils vont être doublement rassurés, car la dernière loi ne contient que quatre dispositions nouvelles, dont deux pour favoriser le rempoissonnement, qui sont la création des réserves et celle des échelles à saumon, et les deux autres qui ne peuvent manquer de contribuer à empêcher d'une manière plus efficace la destruction et le ravage des rivières : c'est la fixation d'un temps de frai uniforme pour toute la France, et rendant possible l'interdiction de la vente du poisson à cette époque. L'administration, avec raison, a toute confiance dans le résultat de ces mesures conservatrices, et elle en donne la preuve la plus évidente dans le règlement nouveau, qui est plus libéral et plus favorable que l'ancien, aussi bien pour les pêcheurs aux filets que pour les pêcheurs à la ligne.

La loi de 1865 n'apporte aucune modification à la pêche à la ligne flottante; il n'en est question que pour constater que cette pêche est interdite dans les réserves, comme toutes les autres. C'est la loi du 15 avril 1829 qui reste toujours en vigueur; elle s'exprime ainsi :

### TITRE PREMIER.

. « Art. Ier. Le droit de pêche sera exercé au profit de l'État :

.« 1º Dans tous les fleuves, rivières, canaux, contre-fossés navigables ou flottables avec bateaux, trains ou radeaux, et dont l'entretien est à la charge de l'État ou de ses ayants cause ;

« 2º Dans les bras, noues, boires et fossés qui tirent leurs eaux des fleuves et rivières navigables ou flottables dans lesquels on peut en tout temps passer ou pénétrer librement en bateau de pêcheur, et dont l'entretien est également à la charge de l'État.

« Sont toutefois exceptés les canaux et fossés existants, ou qui seraient creusés dans les proprié-

tés particulières, et entretenus aux frais des propriétaires.

« Art. 5. Tout individu qui se livrera à la pêche
sur les fleuves et rivières navigables ou flottables,
canaux, rivières ou cours d'eaux quelconques,
sans la permission de celui à qui le droit de pêche
appartient, sera condamné à une amende de 20 fr.
au moins et de 100 francs au plus, indépendam-
ment des dommages-intérêts.

« Il y aura lieu, en outre, à la restitution du prix
du poisson qui aura été pêché en délit, et la con-
fiscation des filets et engins de pêche pourra être
prononcée.

« Néanmoins, il est permis à tout individu de
pêcher à la ligne flottante tenue à la main, dans
les fleuves, rivières et canaux désignés dans les
deux paragraphes de l'article 1er de la présente loi,
le temps du frai excepté. »

Ce dernier paragraphe établit d'une manière for-
melle une faveur gratuite pour tout le monde.
Ainsi, excepté pendant le temps du frai fixé d'une
manière uniforme pour toute la France : 1° du
20 octobre au 31 janvier pour le saumon, la truite
et l'ombre-chevalier, et 2° du 15 avril au 15 juin
pour tous les autres poissons et l'écrevisse, chacun
peut pêcher librement avec une ligne flottante.

## Définition de la ligne flottante.

On entend par ligne flottante une ligne tenue à la main, organisée pour suivre le cours de l'eau quand il y a du courant, et qui impose au pêcheur l'obligation de guetter l'instant où le poisson mord.

J'en distingue quatre espèces:

La première, dite ligne au coup, est garnie d'une flotte (1) qui soutient la bannière ou corps de ligne sur l'eau, et lui permet de suivre le courant sans s'accrocher au fond. La flotte est adaptée au corps de ligne par un ou deux anneaux en plume qui la laissent monter ou descendre, selon qu'il y a plus ou moins de profondeur. Dans une eau rapide ou très-profonde, on emploie un fort bouchon en liége, ou une plume de dinde ou de cygne, qui puisse, sans s'enfoncer, porter cinq à six grains de plomb de chasse n° 1. Cette précaution est indispensable pour faire descendre l'hameçon assez promptement pour que la ligne ne soit pas entraînée par l'eau loin du pêcheur, et n'être encore qu'entre deux eaux quand il faut la reporter de bas en haut. Pour les eaux tranquilles et peu profondes, une flotte légère est préférable, parce qu'on voit beaucoup mieux mordre le poisson; il ne faut

---

(1) Il y a des flottes de beaucoup de sortes: en plume, en liége, en porc-épic, etc.

alors qu'un ou deux petits grains de plomb. On met ordinairement à ces lignes deux ou trois hameçons, quand on pêche au petit poisson, et un seul quand on pêche au gros. C'est à l'agitation de la flotte que l'on reconnaît que le poisson mord, et que l'on juge quand il est temps de piquer. La ligne ne doit jamais être chargée de plus de grains de plomb que la flotte n'en peut porter, autrement elle cesserait d'être flottante, et rentrerait dans la classe des engins soumis à la licence. Elle ne doit pas être non plus garnie de pierres, de terre ou de quelque charge que ce soit, en quantité suffisante pour la retenir en place et l'empêcher de suivre le cours de l'eau.

La seconde espèce de ligne flottante est la ligne à fouetter. Elle se fait toute en boyaux de vers à soie, et le plus souvent en un ou deux crins au plus dans le corps de ligne. On la garnit de quatre hameçons très-fins placés à 33 centimètres les uns des autres. Au-dessus de l'hameçon du haut et tout près du nœud qui l'attache à la ligne, on met un petit plomb de chasse n° 6, et à 50 centimètres au-dessus du plomb une petite plume, comme une plume de pigeon ou de corbeau. Dans ce genre de pêche, ce n'est pas la plume qui indique que le poisson mord ; c'est au mouvement continuel que l'on imprime à la ligne, en la ramenant sans cesse contre le courant, que l'on s'aperçoit si l'on a un poisson, quand même ce serait le plus petit véron.

1.

La pêche à fouetter demande une grande quantité d'amorces; il faut, si l'on veut faire bonne pêche, à tous moments jeter par petites pincées, pour faire remonter le poisson, des asticots mêlés de crottin, de marc de raisin, de son ou de pain de chènevis en poudre.

La troisième ligne flottante s'appelle ligne volante à la mouche artificielle. On y prend principalement la truite et le chevanne, dit meunier. Pour la mouche artificielle, on se sert d'une canne à moulinet et d'une très-longue ligne, laquelle n'a ni plomb ni flotte. La canne, longue de 4 mètres, est garnie de petits anneaux. La ligne doit avoir de 20 à 30 mètres; elle est faite en queue de rat, c'est-à-dire grosse d'un bout et fine de l'autre; elle est enroulée sur un moulinet fixé au bas de la canne et passée dans tous les anneaux.

Cette canne doit être très-flexible pour lancer plus loin les mouches. Au bout de la ligne on ajoute un avançon ou bas de ligne en boyaux de vers à soie et long d'environ 2 mètres; ce bas de ligne, ainsi que la ligne et les mouches, est bouclé à chaque extrémité pour s'adapter sans nœud au bout l'un de l'autre. Le pêcheur doit avoir une collection de mouches artificielles dans un portefeuille, pour choisir le modèle qui ressemble le plus à la mouche de saison et même du jour. Il doit, avant tout, chercher à en attraper une. Cette pêche se fait en marchant et en descendant le cours des rivières et des ruisseaux. Il n'y a pas de pêche plus agréable et plus propre. Le pêcheur, avec son panier sur le dos, sans aucun embarras, parcourt, en s'amusant, plusieurs lieues de rivière et revient rarement sans une heureuse capture. La collection de tous les modèles de mouches connues sur les bords des rivières de France et d'Angleterre, avec leur nom, leur numéro et l'indication de leur emploi, se trouve, ainsi qu'un grand assortiment de cannes et de lignes , au magasin de M. Moriceau. Cette pêche se fait de mars à octobre. On ne saurait trop recommander à ceux qui la pratiquent d'éviter tout bruit et de ne s'avancer que le moins possible sur le bord. La mouche artificielle, pour simuler la mouche naturelle, doit tomber mollement sur l'eau ; et si le poisson ne l'a pas saisie, avant même qu'elle ne touche l'eau, le pêcheur doit la faire sautiller un peu, en faisant trembler légèrement la canne ; et, dès qu'il voit mordre le poisson ou qu'il sent la secousse qu'il imprime à son bras en saisissant la mouche, il ne peut jamais être trop leste à piquer. Par un temps variable, orageux, accompagné d'un peu de vent, vous pouvez pêcher toute la journée ; par un temps clair et chaud, pêchez de préférence le matin et le soir.

La quatrième sorte de ligne flottante est dite ligne à la volée. Elle est faite comme la ligne au coup, mais beaucoup plus longue ; on la garnit d'un bouchon et de plusieurs petites plumes placées à 1 mètre les unes des autres. Avec de la mie de pain et avec les insectes qui se soutiennent sur l'eau, on pêche à la surface ; mais avec des cerises ou du raisin, on doit donner 50 à 60 centimètres de fond. La canne doit être très-longue. Une fois la ligne lancée au large, on suit le cours de l'eau en laissant filer sa ligne bien loin devant soi.

Une autre ligne sans plomb ni flotte est encore employée avec beaucoup de succès : c'est la ligne à la surprise. Dans les rivières ombragées d'arbres, passez doucement votre ligne entre les branches et laissez tomber légèrement une mouche ou une sauterelle ; au même moment elle sera saisie si le poisson ne vous a pas vu. Quand vous voyez les poissons, vous pouvez même choisir les plus gros. Si votre amorce est naturelle et vivante, laissez-la tomber devant lui ; si c'est une amorce artificielle, faites-la tomber plutôt derrière lui, et il se retournera précipitamment de peur qu'elle ne lui échappe. En s'approchant à plat ventre des bords où il n'y a pas d'arbres, on y peut pêcher aussi de la même manière.

Ces lignes, telles que je viens de les décrire, sont depuis un temps immémorial employées en France et affranchies de tous droits. En 1851, un garde-pêche de Paris voulut interpréter la ligne flottante à sa manière, et prétendit qu'elle ne devait porter aucun plomb. C'était rendre la pêche impossible ; je fus alors obligé de faire éclaircir la question devant les tribunaux.

*Procès de l'administration forestière et du fermier
de pêche contre M. Moriceau.*

(Compte rendu du *Constitutionnel*, 21 mai 1851.)

La cour a résolu aujourd'hui, par un arrêt bien
net et bien explicite, une question qui intéresse
vivement la classe si nombreuse des pêcheurs à la
ligne.

On sait que dans les fleuves et rivières navigables, nul ne peut pêcher, s'il n'est muni d'une
licence, ou, s'il n'est adjudicataire de la pêche...
*outrement qu'à la ligne flottante et à la main.* Cette
interdiction est écrite dans les articles 12 et 14 de
la loi du 14 floréal an X, et encore dans l'article 5
de la loi du 5 avril 1829.

Ainsi, la ligne flottante tenue à la main est af-
franchie de la licence. Mais que faut-il entendre
par la *ligne flottante?*

De temps immémorial les lignes flottantes ont
été garnies d'un ou deux grains de plomb destinés
à favoriser l'immersion perpendiculaire de l'hameçon. A plusieurs reprises, cependant, des fermiers de pêche ou des gardes-pêche ont voulu
entendre la loi dans un sens restrictif, et des
procès-verbaux ont été dressés par eux contre
tous les pêcheurs dont les lignes étaient garnies
d'un plomb quelconque. Ils prétendaient que la

présence d'un seul grain de plomb, même si minime que fût son poids, transformait la *ligne flottante*, qui est permise, en *ligne de fond*, qui est prohibée. La plupart des délinquants osaient à peine se défendre contre ces procès-verbaux, et bien souvent même se laissaient condamner par défaut. La pénalité n'était pas terrible... C'était une simple amende de 5 francs que le tribunal prononçait d'ordinaire. Cependant ces poursuites ne laissaient pas que d'irriter profondément ceux qui en étaient l'objet. C'était une vexation qui pouvait faire prendre en dégoût le plaisir de la pêche à la ligne.

M. Moriceau s'est alarmé de ces poursuites. Il est fabricant d'ustensiles de pêche, il a craint avec raison que son commerce ne ressentît un contre-coup fâcheux des vexations dirigées contre les pêcheurs à la ligne. En conséquence, il a voulu faire juger la question de la pêche à la ligne flottante d'une manière éclatante et voici ce qu'il a fait :

Il a écrit au garde-pêche du dix-huitième canton de pêche du département de la Seine, qui comprend le parcours de la Seine dans Paris, en lui déclarant que, le 17 février 1851, à neuf heures du matin, on le trouverait à un point déterminé de la berge, occupé à pêcher avec une ligne flottante garnie de plomb.

M. Moriceau s'est en effet rendu à l'heure dite à

l'endroit indiqué; il a dévissé sa canne et ajusté les bouts, puis, après y avoir attaché une ligne à flotteur, garnie de deux plombs n° 4, et armée de deux hameçons, il s'est mis à pêcher comme il l'avait annoncé.

Le brigadier garde-pêche s'était rendu à l'invitation de M. Moriceau : il lui fut par conséquent facile de constater que M. Moriceau se servait d'une ligne garnie de deux grains de plomb n° 4, et armée de deux hameçons : on ne pouvait pas d'ailleurs se prêter de meilleure grâce que M. Moriceau à la rédaction de ce procès-verbal.

Il est résulté de ce procès-verbal, que M. Moriceau a été cité devant la 7ᵉ chambre de police correctionnelle, et que là, quoique habilement défendu, il succomba courageusement, et fut condamné à 20 francs d'amende et à 5 francs de dommages-intérêts envers le fermier de la pêche du dix-huitième cantonnement, qui s'était porté partie civile. Voici le texte de ce jugement, qui porte la date du 8 mars dernier :

« Attendu que la loi n'ayant point défini la nature de la ligne flottante, il appartient aux tribunaux de l'apprécier ;

« Qu'il est évident que le législateur n'a voulu permettre l'exercice de la pêche à la ligne qu'autant qu'il n'en résulterait aucun préjudice pour l'adjudicataire de la pêche; qu'ainsi on ne doit entendre par ligne flottante, que celle dont l'hameçon reste à la surface de l'eau, sans être entraîné vers le fond de la rivière par un poids quelconque ; que, dans l'espèce, la ligne saisie est garnie de deux grains de plomb n° 4, et armée de deux hameçons et ne peut être considérée comme une ligne flottante, par ce motif que l'addition de deux grains de plomb n° 4 devait la faire plonger dans la partie inférieure de la rivière, qu'ainsi la ligne dont s'est servi Moriceau est une ligne prohibée ;

« Condamne Moriceau à 20 fr. d'amende et à 5 fr. à titre de dommages-intérêts. »

M. Moriceau a interjeté appel de cette décision, et Mᵉ Nogent Saint-Laurent, son défenseur, a attaqué le jugement rendu.

Le jugement, a-t-il dit, déclare, qu'on ne doit entendre par ligne flottante que la ligne dont l'hameçon reste à la surface de l'eau sans être entraîné vers le fond de la rivière par un poids quelconque. Mais c'est là une confusion entre la ligne *volante* et la ligne *flottante*.

« La ligne volante, amorcée avec des mouches artificielles, est une ligne d'une disposition spéciale, et qui reste, en effet, à la surface de l'eau ; on s'en sert uniquement dans les eaux limpides et solitaires que la navigation n'a jamais bouleversées, et qui sont habitées par deux espèces de poissons, la chevanne ou meunier et la truite. Ces poissons viennent toujours chercher leur pâture à la surface, et c'est pour cela que la ligne avec laquelle on les prend ne plonge pas.

Mais la ligne flottante a toujours plongé dans l'eau; s'il en était autrement, on ne prendrait presque jamais aucun poisson, si ce n'est de très-petits qu'il est défendu de prendre.

.... Le jugement encore semble assimiler la *ligne flottante* qui plonge, à la ligne dormante ou ligne de fond, qui est prohibée. Il suffit de savoir ce qu'est une ligne de fond pour savoir que toute assimilation est impossible. Une ligne de fond... figurez-vous une trainée d'hameçons, plus ou moins longue, fixés à un gros fil extrêmement long. L'immersion s'opère à l'aide d'une pierre ou d'un plomb fort lourd, attaché à l'extrémité de ce fil et qui l'entraine au fond de la rivière; on fixe l'autre extrémité du fil à un roseau ou tronc d'arbre, et cette sorte de ligne, ordinairement tendue le soir, n'est relevée que le matin. On comprend comment le séjour prolongé de cette ligne au fond de l'eau, l'immobilité et la multiplicité des amorces sont des moyens de destruction. Telle est. la ligne prohibée, la *ligne de fond* proprement dite.

Enfin, disait en terminant M⁰ Nogent-Saint-Laurent, nous demandons à la Cour de déclarer *ligne flottante* une ligne qui *flotte*, il est impossible de formuler une demande plus simple et plus naïve.

Mᵉ Nouguier, avocat du fermier de la pêche, le sieur Louis Fabrège, soutenait au contraire le bien fondé du jugement dont il demandait à la cour la confirmation.

Mᵉ Saillard, avocat général, sans s'opposer à l'infirmation du jugement, en raison de la flottaison de la ligne de M. Moriceau, constatée par le procès-verbal, a combattu néanmoins le système de la défense, en ce qu'il consacrait un principe trop absolu sur la pêche à la *ligne flottante*.

La Cour a rendu aujourd'hui l'arrêt suivant :

« Considérant qu'aux termes de l'art. 5, alinéa 2 de la loi du 15 août 1829 sur la pêche fluviale, il a été permis à tout individu de pêcher à la ligne flottante tenue à la main, dans les fleuves, rivières, canaux et autres fossés navigables ou flottables dont l'entretien est à la charge de l'État ou de ses ayants cause ;

« Que cet article n'a fait que reproduire en cette partie les dispositions des anciennes ordonnances et des lois et arrêtés qui permettaient l'usage de la ligne flottante tenue à la main ;

« Qu'en droit et en l'absence de toute définition légale de la ligne flottante, les tribunaux doivent se décider par le sens naturel des mots employés par le législateur, par le sens donné à ces mots par un usage constant, et par les conséquences du sens adopté, qui doivent être en harmonie avec l'esprit général des lois sur la pêche ;

« Considérant que, dans leur sens naturel, les mots de *ligne flottante* indiquent une ligne que le mouvement seul de l'eau rend mobile et fugitive, et que le pêcheur ramène sans cesse à lui; qu'un usage constant a consacré cette interprétation;

« Qu'il n'est résulté de l'usage de la ligne flottante ainsi définie, aucune conséquence de nature à faire croire que l'intention du législateur a été de la prohiber, soit dans un ordre public, soit dans l'intérêt des fermiers de la pêche, lorsqu'elle serait garnie de quelques plombs ajustés au poids de l'hameçon pour le maintenir perpendiculairement au liége ou flotteur indicateur, à une profondeur déterminée;

« Qu'il suffit pour que la ligne ne cesse pas d'être flottante, qu'elle soit constamment soumise au mouvement du flot et du courant de l'eau, et, par conséquent, que l'appât ne repose pas au fond et n'y reste pas immobile;

« Que la loi exige seulement que le pêcheur tienne à la main la canne destinée à rejeter la ligne en amont toutes les fois que le courant la fait flotter en aval à une trop grande distance; que décider qu'une ligne n'est flottante que lorsqu'elle ne flotte qu'à la superficie de l'eau par le seul poids de l'hameçon, serait donner un sens restrictif aux expressions de l'article ci-dessus, et rendre illusoire la permission de pêche à la ligne flottante résultant dudit article;

«Que les fermiers de la pêche ne seraient pas fondés à se plaindre du préjudice qu'ils pourraient en éprouver, puisqu'il ne s'agit que de l'application d'une disposition légale qu'ils n'ont pas pu ignorer et qu'ils se sont soumis dès lors à cette condition en se rendant adjudicataires de la pêhe;

« Considérant en fait que, le 17 février dernier, Moriceau a été trouvé pêchant à la ligne tenue a la main, dans le dix-huitième canton de la pêche, sur la rivière de Seine;

«Que s'il résulte du procès-verbal régulièrement dressé ledit jour et des aveux mêmes de Moriceau, que la ligne avec laquelle il pêchait était armée de deux hameçons et garnie de deux grains de plomb n° 4, destinés à faire plonger là ligne dans la partie inférieure de la rivière, ce poids ne pouvait suffire pour empêcher la ligne de flotter dans le courant, et que le contraire n'est pas même allégué;

« Que, dès lors, et par les motifs ci-dessus déduits, la ligne dont s'est servi Moriceau, devant être considérée comme flottante, la prévention n'est pas établie;

« Met l'appellation et le jugement dont est appel au néant; émendant, décharge Moriceau des condamnations contre lui prononcées; au principal, le renvoie des fins de la poursuite, condamne l'administration forestière et Louis Fabrège, partie civile, aux frais de première instance et d'appel.»

Après la question du plomb tranchée, passons à d'autres explications :

Pendant la première période du frai, du 20 octobre au 31 janvier, on peut pêcher toutes les espèces de poissons, excepté le saumon, la truite et l'ombre-chevalier ; et, pendant la seconde période, du 15 avril au 15 juin, il n'est permis, au contraire, de pêcher que ces trois espèces, ainsi que les muges, aloses, et autres poissons qui vivent alternativement dans les eaux douces et les eaux salées, à moins d'arrêtés spéciaux pris exceptionnellement par les préfets, conformément à l'art. 2 du règlement.

On a voulu souvent empêcher aux pêcheurs de jeter du blé cuit, du sang ou des asticots mêlés de terre, c'est à tort; et ils ont le droit de le faire, puisque l'art. 25 de la loi interdit seulement de jeter dans l'eau des drogues ou appâts qui sont de nature à enivrer le poisson ou à le détruire, mais non pas des amorces inoffensives et dont il fait sa nourriture.

Les pêcheurs à la ligne viennent d'être affranchis par le nouveau règlement de la plus grande de leurs sujétions : je veux dire de la taille des poissons : on a compris qu'ils ne pouvaient à volonté choisir les gros, ce qu'ils feraient toujours, ils pourront donc désormais garder les petits gourmands qui viendront mordre, quels qu'ils soient.

L'emploi de l'épuisette a quelquefois donné lieu

à des menaces de la part des gardes, mais jamais à des condamnations, ce filet en usage dans tous les temps n'étant qu'un accessoire pour aider à tirer de l'eau un poisson pris à l'hameçon et ne pouvant en aucune manière favoriser la fraude.

Il n'est pas défendu de pêcher à la ligne flottante tenue à la main, dans l'intérieur des écluses, barrages, pertuis, vannages, coursiers d'usine et passages ou échelles, pas plus qu'à leurs abords. (Voir l'art. 13, paragraphe 3, du règlement.)

C'est à tort que quelques gardes veulent empêcher la pêche au vif à la ligne flottante.

La loi de 1829, titre IV, art. 26, paragraphe 6, dit que des ordonnances royales détermineront les espèces de poissons avec lesquels il sera défendu d'appâter les hameçons, nasses, etc.

La loi reconnaît évidemment par là qu'il est permis de pêcher au vif, et le règlement du 25 janvier 1868, qui remplace toutes les ordonnances royales et tous les arrêtés de préfecture, se bornant dans l'art. 8 à déterminer les dimensions au-dessous desquelles les diverses espèces de poissons ne peuvent être pêchés et doivent être immédiatement rejetés à l'eau, laisse à la disposition des pêcheurs le goujon, l'ablette, la loche, le véron, la bouvière, le têtard, etc.

Donc la pêche au vif est permise avec les petits poissons désignés ci-dessus; seulement il y a la ligne de fond et la ligne flottante qu'il ne faut pas confondre, cette dernière étant la seule permise sans payer, il faut se conformer à ses conditions, c'est-à-dire la garnir d'un flotteur assez gros pour que le petit poisson ne l'enfonce pas et la tenir à la main.

Les tribunaux ont décidé d'autres questions soulevées par les fermiers de pêche qui se croient fondés à dire qu'ils défendent leur bien. Ils savent cependant bien qu'en devenant adjudicataires de la pêche, ils ne sont pas devenus propriétaires du poisson ; on leur a seulement concédé, à prix d'argent, le droit de pêcher au filet et avec certains engins, sans retirer le droit qu'a tout le monde de pêcher gratuitement à la ligne flottante.

### Questions vidées par les tribunaux.

1° La ligne flottante peut avoir plusieurs hameçons, le nombre n'en est pas limité, ni la grandeur non plus. (Décision du tribunal correctionnel de Versailles, 24 décembre 1844. Cour d'appel de Paris, 21 mai 1851.)

2° On peut pêcher aussi bien en bateau que sur les bords de l'eau avec une ligne flottante, pourvu toujours qu'on la tienne à la main. (Cours d'appel, 28 décembre 1835.)

3° On peut pêcher aussi bien au fond qu'au milieu et à la surface de l'eau, et l'on peut mettre du plomb en telle quantité que l'on veut, pourvu que le bouchon supporte ce plomb et qu'il n'empêche pas la ligne de suivre le cours de l'eau. (Cour d'appel de Paris, 21 mai 1851.)

Après avoir indiqué ce qui est permis au pêcheur à la ligne, rappelons-lui ce qui lui est défendu :

1° De poser sa canne ; il doit toujours la tenir à la main ;

2° De pêcher avant le lever et après le coucher du soleil ;

3° De pêcher pendant le temps du frai ;

4° De pêcher dans les réserves.

Il est bien entendu que l'État ne donne le droit de pêche que dans les endroits qui lui appartiennent et que l'on ne peut pêcher dans les canaux et dans les petites rivières appartenant à des particuliers, qu'autant que le propriétaire le permet ou le laisse faire. En se conformant à toutes les instructions mentionnées dans ce traité, les amateurs peuvent être certains de n'être pas inquiétés ni dérangés dans leur plaisir. Si cependant quelque garde ignorant ou trop exigeant montrait des prétentions injustes, je les engage très-fort à ne pas se laisser intimider ; s'en aller quand on est dans son droit, ce serait donner raison à de simples menaces, et on s'en serait tenu là, car on ne fait pas souvent de procès pour en payer les frais. Un moyen certain, pour être tranquille, c'est d'avoir mon livre, et de le montrer au besoin, le chasseur est toujours porteur de son permis de chasse ; ma brochure est le Code du pêcheur et son permis.

# INSTRUCTIONS

## ET

## AVIS SUR LA PÊCHE A LA LIGNE

---

Les véritables amateurs n'aiment pas à aller pêcher en trop grande société, parce qu'ils savent bien
qu'il n'est rien tel que la tranquillité pour réussir.
Cependant, deux amis qui vont d'habitude en-
semble, ont beaucoup d'agrément et peuvent se
rendre service. Si l'on a besoin d'un coup de main
pour épuiser un poisson, si l'on renverse ses
amorces, on est bien heureux d'avoir un compa-
gnon qui puisse venir à son aide. Quand vous arri-
vez au bord de l'eau, promenez-vous un peu sur
le rivage pour choisir l'endroit le plus favorable ;
montez ensuite votre canne ; attachez la ligne au-
dessous de la virolle de la seconde pièce, puis,
faites-la descendre en tournant jusqu'au bout du
scion où vous l'arrêterez par un nœud nommé
clef. Prenez la profondeur de l'eau pour savoir
l'intervalle que vous devez mettre entre la flotte et
l'hameçon ; promenez votre sonde à droite et à
gauche pour voir si le terrain est égal ; si vous trou-

vez au fond des herbes ou des pierres, allez plus loin. Quand vous avez sondé, roulez sur votre scion une partie de votre ligne et ne conservez que ce qu'il vous faut de bannière; la ligne flottante doit toujours, en général, avoir un peu moins de longueur que la canne; moins la bannière est longue, plus vous avez de facilité pour piquer le poisson. Jetez de l'amorce de fond, telle que du pain de chènevis ou des pelotes de terre glaise pétries avec des asticots; en les jetant dans l'eau, faites le moins de bruit possible. Les pêcheurs qui sont à même de faire tout cela dès la veille, feront bien de ne pas le négliger; ils ne seront pas exempts de jeter encore quelques pelottes pendant leur pêche et surtout à leur arrivée; mais ils en jetteront moins alors pour ne pas rassasier le poisson. Il faut jeter les amorces par morceaux plus ou moins gros, selon que le courant est plus ou moins rapide; observez aussi de les jeter un peu au-dessus pour qu'elles se rendent au fond en face de vous. Les poissons étant ennemis du froid et du vent, l'emplacement le plus agréable au pêcheur est souvent aussi le plus favorable à la pêche. Presque tous les poissons recherchent le soleil, surtout au printemps; placez-vous-y à l'abri d'un grand chapeau de paille; il est à observer toutefois que, pendant la saison d'été, le milieu du jour n'est pas le moment propice pour prendre beaucoup de poisson. Tant que vous n'en prendrez que des petits ou des moyens, vous les tirerez facilement de l'eau, mais si vous avez le bonheur d'en piquer un gros, c'est alors que vous devez déployer toute votre adresse. Aussitôt que vous avez donné le coup pour ferrer, élevez votre scion, tendez votre ligne, que votre canne décrive une courbe en suivant le mouvement du poisson; ne cherchez pas à l'amener à fleur d'eau, laissez-le se fatiguer au fond; ne vous pressez pas de chercher à le voir; que votre ligne ne soit jamais lâche, car il s'élancerait et vous démonterait; observez bien surtout de ne jamais incliner votre canne, vous n'auriez plus alors l'élasticité de votre scion pour soulager la ligne; et si le poisson en ce moment faisait un grand effort, il vous échapperait infailliblement. Les premiers bonds sont les plus dangereux; petit à petit il s'épuise, il vient sur l'eau, il vous montre son ventre, mais ne vous y fiez pas; fatiguez-le encore, car, quoique affaibli, la vue de l'épuisette lui donnera une nouvelle force. Quand le danger est passé, faites-le approcher du bord; sortez-lui la tête de l'eau et tâchez de l'enlever avec l'épuisette du premier coup. A cet effet, posez votre épuisette dans l'eau, et avec la ligne amenez le poisson au-dessus, ou approchez doucement l'épuisette par derrière et enlevez-le. Si vous êtes à même de pêcher souvent dans le même endroit, adoptez-le de préférence, car les poissons trouvant à manger, fréquenteront cette place et ne s'en écarteront pas.

Chaque fois que vous retirez de l'eau votre ligne pour la reporter vers le courant, donnez un coup comme pour ferrer, car il arrive souvent que l'on pique ainsi des poissons que l'on n'a pas vu mordre. Ne soyez jamais longtemps sans examiner l'hameçon, votre appât peut se trouver mangé ou rongé sans que vous en soyez aperçu, et vous perdez ainsi un temps précieux.

La majeure partie des poissons se posent le ventre au fond, la tête tournée vers le courant, et attendent, dans cette attitude, ce que l'eau leur amène de nourriture. C'est pour cela que la pêche à fond est généralement la plus fructueuse, c'est-à-dire, qu'il faut que l'hameçon, en descendant le courant, passe à 5 ou 6 centimètres de terre.

Quand vous reployez vos lignes, examinez si les hameçons ne sont pas émoussés, si la racine ne menace pas de se couper, si le corps de ligne ne se pourrit pas. Les pêcheurs soigneux de leurs ustensiles ont l'avantage de se montrer plus finement, et par cela même d'avoir plus de succès.

## Ustensiles nécessaires aux pêcheurs.

Je n'énumérerai pas ici tous les articles que je vends pour pêcher à la ligne ; le détail en serait trop long. Je me bornerai à indiquer que l'on trouve dans mon établissement plus de cinquante combinaisons de cannes, plus de cent sortes de lignes, et au moins trois cents espèces d'hameçons. Voici l'assortiment que l'on doit emporter avec soi pour la pêche au coup : Une canne, une épuisette; un filet ou un panier pour mettre le poisson, une boîte à vers, une trousse contenant quelques lignes montées sur crin, quelques-unes sur racine, des hameçons de rechange tout montés assortis, une boîte de plombs fendus, un paire de pinces pour les mettre ou en retirer, une paire de ciseaux, une sonde, un anneau à décrocher et un dégorgeoir, quelques racines et crins choisis et deux ou trois coulants. On peut encore avoir une ou deux lignes de fond que l'on tend aux environs de sa place si l'on en a la permission.

# LE GUIDE DU PÊCHEUR,

*Indiquant d'un seul coup d'œil, les endroits fréquentés par chaque espèce de poisson, la saison de chaque pêche, les heures du jour convenables, à quelle profondeur il faut pêcher ; enfin les amorces qui conviennent le mieux.*

| NOMS. | ENDROITS où l'on pêche chaque poisson. | TEMPS de la pêche. | HEURES favorables. | PROFONDEUR. | VERS et insectes. | BLÉ et pâtes. | AMORCES diverses. |
|---|---|---|---|---|---|---|---|
| Ablette . . . | Dans les courants rapides et peu profonds. | mai à septembre. | tout le jour. | à fond ou à la surface. | Nᵒˢ 1, 2, 3. | Nᵒ 3. | épine-vinette. |
| Barbeau. . . | Dans les eaux rapides dont le fond est pierreux. | juin à novembre. | mat. et soir. | à fond. . . . | 1, 2. | 2 et | au fromage. |
| Brême. . . . | Dans l'eau tranquille, fond vaseux de 2 à 3 mètres. | avril à septembre. | id. | id. . . . . | 1, 2. | 1, 2, 3. |  |
| Brochet. . . | Dans les étangs et baïs des rivières. | juin à mars. | id. | entre deux eaux. . . . | » | » | au vif. |
| Carpe. . . . | Dans l'eau tranquille, profonde, où il croit quelques herbes. | mai à septembre. | id. | à fond. . . . | 1, 2. | 1, 2, 3. | fèves cuites. |
| Chevanne . . ou Meunier | Dans les courants ou aux environs des moulins. | juin à février. | tout le jour. | à fond ou à la surface. | 1,2,3,4,5,6 | 2, 3 et | au sang. |
| Eperlan. . . | Partout où l'eau est rapide et près des bords. | juin à septembre. | id. | entre deux eaux. | 1, 2, 3. | 3. |  |
| Gardon . . . | Dans les eaux limpides, fond sablonneux. | juin à mars. | id. | à fond. . . . | 1, 2, 3, 5, | 1, 2. | épine-vinette. |
| Goujon.. . . | Sur le gravier, le sable où l'eau court. | avril à décembre. | tout le jour. | à fond . . . | 1, 2, 3. | 3. |  |
| Perche . . . | Dans les étangs et toutes les rivières. | mai à septembre. | id. | à fond et entre deux eaux. | 1. | » | au vif. véron. |
| Saumon. . . | Dans les fleuves, à leur embouchure. | mars à septembre. | mat. et soir. | à fond et à la surface. | 1. | » | mouche artif. tue-diable. |
| Tanche. . . | Dans les étangs et rivières vaseuses. | mai à août. | id. | à fond. . . . | 1, 2. | 2, 3. | véron. |
| Truite. . . . | Dans les ruisseaux et rivières rapides. | mars à septembre. | tout le jour | à fond et à la surface. | 1, 3, 4, 5, 6 | » | m. artificielle. tue-diable. |
| Vandoise. . | Dans l'eau courante, fond graveleux. | mai à décembre. | id. | id. . . . . . | 1,2,3,4,5,6 | 3. |  |
| Véron. . . . | Auprès des bords dans les rivières. | mai à septembre. | id. | à fond et entre deux eaux. | 1, 2, 3. |  |  |

## VERS ET INSECTES.

Nᵒ 1. Vers rouges. Les meilleurs sont les petits vers bariolés que l'on trouve dans les jardins; on les conserve dans la mousse humide.

2. Asticots. On trouve ces vers dans la viande corrompue; pour les conserver, on les mélange avec du crottin de cheval ou du son.

3. Mouches naturelles. Les meilleures sont les mouches de maison, les rougets et les mouches de pierres.

4. Hannetons.

5. Sauterelles.

6. Grillons.

## BLÉ ET PATES.

Nᵒ 1. Blé que l'on fait bouillir dans l'eau jusqu'à ce qu'il crève. Le meilleur est du froment bien gros et de l'année. On y mêle une poignée de chènevis écrasé et un peu de fenouil vert.

2. Pâte de fromage : prenez un morceau de fromage de Gruyère gras et pourri; pétrissez-le bien avec de la mie de pain tendre jusqu'à ce qu'il ait acquis assez de consistance pour tenir à l'hameçon.

3. Pâte de mie de pain : on la fait comme la première; quelques pêcheurs, pour la rendre plus friande, y mêlent un peu de miel.

# LOI

## , RELATIVE A LA PÊCHE

(du 31 mai 1865).

Art. 1ᵉʳ. Des décrets rendus en Conseil d'État, après avis des conseils généraux détermineront :

1° Les parties des fleuves, rivières, canaux et cours d'eau réservées pour la reproduction, et dans lesquelles la pêche des diverses espèces de poissons sera absolument interdite pendant l'année entière;

2° Les parties des fleuves, rivières, canaux et cours d'eau dans les barrages desquels il pourra être établi, après enquête, un passage appelé échelle, destiné à assurer la libre circulation du poisson.

Art. 2. L'interdiction de la pêche pendant l'année entière ne pourra être prononcée pour une période de plus de cinq ans. Cette interdiction pourra être renouvelée.

Art. 3. Les indemnités auxquelles auront droit les propriétaires riverains qui seront privés du droit de pêche, par application de l'article précédent, seront réglées par le conseil de préfecture, après expertise, conformément à la loi du 16 septembre 1807.

Les indemnités auxquelles pourra donner lieu l'établissement d'échelles dans les barrages existants seront réglées dans les mêmes formes.

Art. 4. A partir du 1er janvier 1866, les décrets, rendus sur la proposition des ministres de la marine et de l'agriculture, du commerce et des travaux publics, régleront d'une manière uniforme pour la pêche fluviale et pour la pêche maritime dans les fleuves, rivières, canaux affluant à la mer :

1° Les époques pendant lesquelles la pêche des diverses espèces de poisson sera interdite ;

2° Les dimensions au-dessous desquelles certaines espèces ne pourront être pêchées.

Art. 5. Dans chaque département, il est interdit de mettre en vente, de vendre, d'acheter, de transporter, de colporter, d'exporter et d'importer les diverses espèces de poissons, pendant le temps où la pêche en est interdite, en exécution de l'art. 26 de la loi du 15 avril 1829.

Cette disposition n'est pas applicable aux poissons provenant des étangs ou réservoirs définis en l'article 30 de la loi précitée.

Art. 6. L'administration pourra donner l'autorisation de prendre et de transporter, pendant le temps de la prohibition, le poisson destiné à la reproduction.

Art. 7. L'infraction aux dispositions de l'art. 1er et du § 1er de l'article 5 de la présente loi sera punie des peines portées par l'article 27 de la loi du 15 avril 1829, et, en outre, le poisson sera saisi et vendu sans délai, dans les formes prescrites par l'article 42 de ladite loi. L'amende sera double et les délinquants pourront être condamnés à un emprisonnement de dix jours à un mois :

1° Dans les cas prévus par les articles 69 et 70 de la loi du 15 avril 1829 ;

2° Lorsqu'il sera constaté que le poisson a été enivré et empoisonné ;

3° Lorsque le transport aura lieu par bateaux, voitures ou bêtes de somme.

La recherche du poisson pourra être faite, au temps prohibé, à domicile, chez les aubergistes, chez les marchands de denrées comestibles et dans les lieux ouverts au public.

Art. 8. Les dispositions relatives à la pêche et au transport de poissons s'appliquent au frai de poisson et à l'alevin.

Art. 9. L'article 32 de la loi du 15 avril 1829 est abrogé en ce qui concerne la marque ou le plombage des filets. Des décrets détermineront le mode de vérification de la dimension des mailles des filets autorisés pour la pêche de chaque espèce de poisson, en exécution de l'article 26 de la loi du 15 avril 1829.

Art. 10. Les infractions concernant la pêche, la vente, l'achat, le transport, le colportage, l'exportation et l'importation du poisson seront recherchées et constatées par les agents des douanes, les employés des contributions indirectes et des octrois, ainsi que par les autres agents autorisés par la loi du 15 avril 1829 et par le décret du 9 janvier 1852. Des décrets détermineront la gratification qui sera accordée aux rédactions des procès-verbaux ayant pour objet de constater les délits. Cette gratification sera prélevée sur le produit des amendes.

Art. 11. La poursuite des délits et contraventions et l'exécution des jugements pour infractions à la présente loi auront lieu conformément à la loi du 15 avril 1829 et au décret du 9 janvier 1852.

Art. 12. Les dispositions législatives antérieures sont abrogées en ce qu'elles peuvent avoir de contraire à la présente loi.

# RAPPORT A L'EMPEREUR

Paris, le 25 janvier 1868.

Sire,

Je viens soumettre à l'approbation de Votre Majesté un décret portant règlement sur la pêche dans les cours d'eau de l'Empire. Il me paraît nécessaire, dans une matière qui intéresse à un haut degré l'alimentation publique, de placer sous les yeux de l'Empereur les divers éléments d'instruction qui ont servi à la préparation de ce règlement et les considérations principales qui en expliquent les dispositions et permettent d'en apprécier le but et la portée.

La loi du 31 mai 1865 a introduit quatre dispositions nouvelles très-importantes dans la législation relative à la pêche fluviale. Ces dispositions concernent : la création de réserves pour la reproduction des espèces, l'établissement d'échelles dans les barrages afin de faciliter la rencontre des poissons voyageurs, la fixation d'une manière uniforme des époques d'interdiction de la pêche dans les parties fluviales et maritimes des fleuves qui aboutissent à la mer, l'interdiction de la vente, du colportage, de l'importation et de l'exportation des

3

différentes espèces pendant la période d'interdiction de la pêche.

Les prescriptions de cette loi ont, dès à présent, reçu en partie leur exécution. Des études ont été faites pour déterminer l'emplacement des réserves; un décret vient d'être rendu pour la fixation de ces réserves dans les cours d'eau du domaine public du bassin de la Seine; d'autres décrets interviendront successivement pour les bassins de la Loire, de la Garonne et du Rhône. Des échelles ont déjà été construites dans plusieurs des barrages existant sur différentes rivières; je citerai notamment la Moselle, la Dordogne, la Vienne, le Blavet. Il en sera établi un certain nombre d'autres aux emplacements désignés par les conseils généraux et les ingénieurs, au fur et à mesure que les crédits affectés au service de la pêche le permettront. Enfin trois décrets des 19, 26 octobre 1863 et 7 février 1866 ont réglé d'une manière uniforme pour toutes les rivières de l'Empire, dans les parties fluviales comme dans les parties maritimes, l'époque de l'interdiction de la pêche du saumon et de la truite. Cette époque a été fixée du 20 octobre au 31 janvier.

Là ne devait pas se borner l'action de l'administration. La loi de 1865 a maintenu en vigueur les dispositions de celle du 15 avril 1829 concernant la police de la pêche; l'article 26 de cette loi dispose que les ordonnances royales détermineront les périodes d'interdiction de la pêche, les procédés, modes de pêche, filets et engins autorisés, les dimensions au-dessous desquelles les poissons ne peuvent être pêchés, les espèces avec lesquelles il est défendu d'appâter les instruments de pêche.

Une ordonnance royale du 15 novembre 1830, rendue en exécution de cet article de la loi, a énuméré les filets et engins dont l'emploi serait interdit d'une manière absolue, et a délégué aux préfets le soin de régler, sur l'avis des conseils généraux et sauf approbation par ordonnance royale, l'exécution des autres prescriptions de l'article précité.

Des règlements distincts sont ainsi intervenus dans chaque département; il en est résulté une grande diversité tant dans les époques d'interdiction de la pêche des nombreuses espèces qui fréquentent nos rivières que dans les procédés, modes, filets ou engins de pêche autorisés ou prohibés. Ces dispositions contradictoires ont eu le grave inconvénient de faciliter la fraude en rendant souvent illusoire la répression des contraventions.

Il a semblé utile de mettre un terme à cette situation, en adoptant un même règlement pour tous les cours d'eau de l'Empire, sauf quelques dispositions spéciales à certaines localités.

L'uniformité dans les prescriptions concernant la largeur des mailles des filets, les engins ou modes de pêche autorisés ou prohibés et les dimensions au-dessous desquelles tel ou tel poisson serait rejeté à l'eau, ne pouvait soulever d'objections sérieuses ; l'application d'une semblable mesure ne devait appeler la discussion qu'en ce qui touche les époques d'interdiction de la pêche des différentes espèces. L'uniformité ne s'harmonise pas en effet complétement avec les lois naturelles de la reproduction ; ces lois varient selon les climats et les espèces ; cependant il a paru que, pour tous les poissons habitant les eaux douces de notre territoire, on pouvait admettre un classement correspondant à deux périodes distinctes de ponte, celle d'hiver pour les salmonidées, et celle d'été pour les autres espèces ; puis déterminer dans chacune de ces périodes un intervalle moyen entre les saisons extrêmes du frai, de manière à protéger suffisamment les espèces les plus hâtives comme les plus tardives.

Un projet de règlement général, préparé d'après ces bases, a été transmis aux préfets, au mois d'août 1865, par mon prédécesseur, pour être communiqué aux conseils généraux. Le peu de temps qui s'était écoulé entre l'envoi de ce règlement et le moment de la session n'a pas permis à tous ces conseils d'émettre un avis motivé. L'examen du projet a dû être repris à la session de 1866. Les délibérations auxquelles ce projet a donné lieu montrent l'importance que les conseils généraux ont attachée à l'étude de cette question. Ces délibérations m'ont été adressées par les préfets, avec leurs observations personnelles et les rapports des ingénieurs des ponts et chaussées. Mon administration a puisé, dans ces délibérations et ces rapports, les éléments d'une étude nouvelle. Le projet revisé a été soumis à la commission de la pêche réunie sous ma présidence, commission dans le sein de laquelle ont été appelées les personnes les plus autorisées et les plus compétentes. Sous les inspirations de cette commission, le projet a subi de nouvelles modifications, en vue de le rendre aussi libéral que possible, tout en sauvegardant les intérêts qu'il devait spécialement protéger.

L'article 26 de la loi du 15 avril 1829 ayant disposé que les actes réglementaires de la police de la pêche seraient approuvés par des ordonnances royales, j'aurais pu directement soumettre à la sanction de Votre Majesté le règlement ainsi préparé.

Cependant il m'a paru que, dans une question aussi complexe, on donnerait aux nombreux intérêts qu'elle touche une garantie de plus de la sollicitude du gouvernement en provoquant les lumières du conseil d'État. Dans cette pensée, j'ai demandé l'avis de la section de l'agriculture, du commerce, des travaux publics et des beaux-arts.

A la suite d'un examen approfondi, la section a émis un avis favorable au projet, dans lequel elle a introduit de nouvelles et utiles modifications.

3.

On peut considérer le règlement sorti de cette longue instruction comme répondant à l'esprit de la loi du 31 mai 1865; s'il édicte quelques prescriptions nouvelles, il en supprime plusieurs dont l'application rigoureuse pouvait paraître excessive, et donnait, par cela même prétexte à des fraudes nombreuses.

Dans cette matière importante, qui touche par des côtés divers les habitudes et le bien-être des populations, nous nous sommes efforcé de concilier le respect des intérêts individuels avec les besoins de l'alimentation publique.

Je suis, avec un profond respect, Sire, de Votre Majesté, le très-humble et très-obéissant serviteur et fidèle sujet,

*Le ministre de l'agriculture, du commerce et des travaux publics,*

DE FORCADE.

---

*Règlement sur la pêche dans les cours d'eau de l'empire.*

Napoléon,
Par la grâce de Dieu et la volonté nationale, empereur des Français,
A tous présents et à venir, salut :

Sur le rapport de notre ministre de l'agriculture, du commerce et des travaux publics;

Vu la loi du 15 avril 1829;

Vu la loi du 31 mai 1861 ;

La section de l'agriculture, du commerce, des travaux publics et des beaux-arts de notre conseil d'État entendue,

Avons décrété et décrétons ce qui suit :

Art. 1er. Les époques pendant lesquelles la pêche est interdite, en vue de protéger la reproduction du poisson, sont fixées comme il suit :

1º Du 20 octobre au 31 janvier, est interdite la pêche du saumon, de la truite et de l'ombre-chevalier;

2º Du 15 avril au 15 juin, est interdite la pêche de tous les autres poissons et de l'écrevisse.

Est comprise dans cette interdiction la pêche de l'ombre commun, de l'anguille et de la lamproie, mais non celle des autres poissons qui vivent alternativement dans les eaux douces et dans les eaux salées.

Les interdictions prononcées dans les paragraphes précédents s'appliquent à tous les procédés de pêche, même à la pêche à la ligne flottante tenue à la main.

Art. 2. Les préfets pourront, chaque année, par des arrêtés spéciaux, après avoir pris l'avis des conseils généraux, interdire exceptionnellement la pêche de toutes les espèces de poissons pendant

3.

l'une ou l'autre desdites périodes, lorsque cette interdiction sera nécessaire pour protéger l'espèce prédominante.

Ces arrêtés seront soumis à l'approbation de notre ministre de l'agriculture, du commerce et des travaux publics.

Art. 3. Dans la semaine précédant chaque période d'interdiction de la pêche, des publications seront faites dans les communes pour rappeler les dates du commencement et de la fin de ces périodes.

Art. 4. Quiconque, pendant la période de l'interdiction de la pêche, transportera ou débitera des poissons provenant des étangs et réservoirs, sera tenu de justifier de l'origine de ces poissons.

Art. 5. Les poissons saisis et vendus aux enchères, conformément à l'article 42 de la loi du 15 avril 1829, ne pourront pas être exposés de nouveau en vente.

Art. 6. La pêche n'est permise que depuis le lever jusqu'au coucher du soleil.

Toutefois, la pêche de l'écrevisse et de l'anguille pourra être autorisée après le coucher et avant le lever du soleil, aux heures fixées par un arrêté préfectoral. Cet arrêté déterminera, pour l'écrevisse, la nature et les dimensions des engins dont l'emploi sera permis.

Art. 7. Le séjour dans l'eau des filets et engins ayant les dimensions réglementaires est permis à toute heure, sous la condition qu'ils ne pourront être placés et relevés que depuis le lever jusqu'au coucher du soleil.

Art. 8. Les dimensions au-dessous desquelles les poissons et écrevisses ne pourront être pêchés et devront être immédiatement rejetés à l'eau, sont déterminées comme il suit pour les diverses espèces :

1° Les saumons et anguilles, vingt-cinq centimètres de longueur ;

2° Les truites, ombres-chevaliers, ombres communs, carpes, brochets, barbeaux, brêmes, meuniers, muges, aloses, perches, gardons. tanches, lottes et lamproies, quatorze centimètres de longueur ;

3° Les soles, plies et flets, dix centimètres de longueur ;

4° Les écrevisses, huit centimètres de longueur.

La longueur des poissons ci-dessus mentionnés sera mesurée de l'œil à la naissance de la queue, celle de l'écrevisse de l'œil à l'extrémité de la queue déployée.

Les prescriptions qui précèdent ne sont pas applicables aux poissons pris à la ligne flottante.

Art. 9. Les mailles des filets, mesurées de chaque côté, après leur séjour dans l'eau, et l'espacement des verges des bires, nasses et autres engins employés à la pêche des poissons, auront les dimensions suivantes :

1° Pour les saumons, quarante millimètres au moins ;

2° Pour les grandes espèces, autres que le saumon et pour l'écrevisse, vingt-sept millimètres au moins;

3° Pour les petites espèces, telles que goujons, loches, vérons, ablettes et autres, dix millimètres.

La mesure des mailles sera prise avec une tolérance d'un dixième.

Art. 10. Les filets fixes ou flottants ne pourront excéder en longueur les deux tiers de la largeur mouillée des cours d'eau où on les manœuvrera. Plusieurs filets ne pourront être employés simultanément sur la même rive ou sur les deux rives opposées qu'à une distance au moins triple de leur développement.

Art. 11. Les filets fixes employés à la pêche seront soulevés par le milieu pendant trente-six heures de chaque semaine, du samedi à six heures du soir au lundi à six heures du matin, sur une longueur équivalente au dixième de leur développement, et de manière à laisser entre le fond et la ralingue inférieure un espace libre de cinquante centimètres au moins de hauteur.

Art. 12. Sont prohibés tous les filets traînants, à l'exception du petit épervier jeté à la main et manœuvré par un seul homme.

Est pareillement prohibé l'emploi des lacets ou collets.

Art. 13. Il est interdit :

1° D'établir dans les cours d'eau des appareils ayant pour objet de rassembler le poisson dans les noues, boires, fossés ou mares dont il ne pourrait plus sortir, ou de le contraindre à passer par une issue garnie de piéges ;

2° D'accoler aux écluses, barrages, chutes naturelles, pertuis, vannages, coursiers d'usines et échelles à poissons des nasses, paniers et filets à demeure ;

3° De pêcher, avec tout autre engin que la ligne flottante tenue à la main, dans l'intérieur des écluses, barrages, pertuis, vannages, coursiers d'usines et passages ou échelles à poissons, ainsi qu'à une distance moindre de trente mètres en amont et en aval de ces ouvrages ;

4° De pêcher dans les parties des rivières, canaux ou cours d'eau dont le niveau serait accidentellement abaissé, soit pour y opérer des curages ou travaux quelconques, soit par suite du chômage des usines ou de la navigation.

Art. 14. Sur la demande des adjudicataires de la pêche des cours d'eau et canaux navigables et flottables, et sur la demande des propriétaires de la pêche des autres cours d'eau et canaux, les préfets pourront autoriser, dans des emplacements et à des époques déterminés, des manœuvres d'eau et des pêches extraordinaires pour détruire certaines espèces, dans le but d'en propager d'autres plus précieuses.

Art. 15. Des arrêtés préfectoraux, rendus sur les avis des ingénieurs et des conseils de salubrité, détermineront :

1° La durée du rouissage du lin et du chanvre dans les cours d'eau, et les emplacements où cette opération pourra être pratiquée avec le moins d'inconvénients pour le poisson ;

2° Les mesures à observer pour l'évacuation, dans les cours d'eau, des matières et résidus susceptibles de nuire au poisson et provenant de fabriques et établissements industriels quelconques.

Art. 16. Sont abrogés les ordonnances des 15 novembre 1830 et 28 février 1842, les décrets des 19 octobre 1863 et 7 février 1866, ainsi que tous les règlements locaux sur la pêche et les ordonnances et décrets qui les approuvent.

Toutefois, les dispositions du présent décret ne sont pas applicables au Rhin et à la Bidassoa, lesquels restent soumis aux lois et règlements qui les régissent spécialement.

Art. 17. Notre ministre de l'agriculture, du commerce et des travaux publics est chargé de l'exécution du présent décret.

Fait au palais des Tuileries, le 25 janvier 1868.

*Par l'Empereur,*

NAPOLÉON.

*Le ministre de l'agriculture, du commerce et des travaux publics,*

DE FORCADE.

## Quelques mots sur la pêche aux filets.

Après la lecture du règlement, qui est très-clair, le pêcheur aux filets doit savoir à peu près tout ce qui lui est permis comme ce qui lui est défendu, cependant quelques explications ne seront pas inutiles. L'article 12 du règlement défend l'emploi de tous les filets traînants, à l'exception du petit épervier jeté à la main et manœuvré par un seul homme : il ne doit pas y avoir ici d'équivoque : je dirai cependant que je regrette le mot petit, qui pourrait donner lieu quelquefois à des gardes de trouver un épervier trop grand. C'est évidemment le gille qu'on a voulu défendre, et comme le gille n'est autre chose qu'un grande épervier que l'on traîne, c'est celui-là que l'on défend ; mais l'épervier, tant qu'il peut être jeté et manœuvré par un seul homme, n'a pas de grandeur limitée et est permis pourvu qu'on ne le traîne pas. Il n'y a de prohibés, avec les filets traînants, que les lacets et les collets.

Les tramails, les verveux à ailes sont les filets fixes permis et auxquels se rapportent les art. 10 et 11 du règlement. Mais l'article 11 ne peut pas concerner les nasses et les verveux ordinaires, ne formant même pas un barrage partiel et qui ne pourraient être soulevés sans les enlever tout à fait. Cet article n'interdit nullement la pêche pendant les trente-six heures indiquées.

La foëne à anguilles pour la chercher dans la vase, ainsi que celle à harponner le poisson, n'est pas défendue.

L'ancien règlement défendait de troubler l'eau et de pilonner pour le goujon, le nouveau ne l'interdit pas.

# TABLE DES MATIÈRES.

**FIN DE LA TABLE DES MATIÈRES.**

Paris. — Imp. par E. Thunot et Cᵉ, rue Racine, 26.

Paris. — Imprimé par E. Thunot et Cᵉ, rue Racine, 26.

9 782019 232382